Für Henry, Mia & Audrey

von Mama

„Gute Nacht, mein Kleiner", sagte Mama Bär und deckte ihren kleinen Liebling sanft zu.

Aber der kleine Eisbär hatte noch so viele Fragen.

„Mama, wo war ich denn, als ich noch nicht auf der Welt war? Wo komme ich her?"

„Du kommst von Gott. Dein Papa und ich haben uns so sehr einen kleinen Bär gewünscht."

„Und dann habt ihr mich bekommen?"

„Ja, und du bist ein ganz besonderer kleiner Bär. Du bist ein Geschenk des Himmels."

„Als ich zum ersten Mal gespürt habe, dass du dich in meinem Bauch bewegst, waren dein Papa und ich so glücklich.
Sogar die Engel im Himmel haben sich mit uns gefreut."

„Nur wegen mir?"

„Ja, mein kleiner Bär. Weil du ein Geschenk des Himmels bist."

„Und was ist dann passiert?", wollte der kleine Eisbär wissen.

„Du warst in meinem Bauch und bist gewachsen, jeden Tag ein bisschen mehr", sagte Mama Bär und gab ihm einen Kuss. „Mein Bauch wurde immer dicker."

„… und dicker …“

„… und DICKER … Alle Tiere kamen und haben sich gefreut, dass ein kleiner Bär unterwegs war."

„Und du und Papa? Habt ihr euch auch gefreut?"

„Aber ja, wir wussten doch: Du bist ein Geschenk des Himmels."

„Schon vor deiner Geburt hat dein Papa mit dir geredet und dir Lieder vorgesungen. Er wollte so gern, dass du ganz früh seine Stimme kennst."

„Aber warum denn?", fragte der kleine Eisbär.

„Weil er sich so darauf gefreut hat, dein Papa zu werden. Du bist nämlich ein Geschenk des Himmels."

„Als wir zum ersten Mal dein Herz haben schlagen hören, da mussten wir vor Glück weinen."

„Aber warum denn?" Das war die Lieblingsfrage des kleinen Eisbärs.

„Wir konnten unser Glück nicht fassen und waren Gott so dankbar für dich. Du bist ein Geschenk des Himmels."

„Jeden Abend habe ich Gott gedankt und dafür gebetet, dass du ein weiches Fell bekommst, dass deine Knochen wachsen und dein Herz kräftig schlägt. Aber am meisten habe ich dafür gebetet, dass du Gott lieb hast und ihn einmal in dein Herz aufnimmst."

„Ich habe Gott so lieb. Genauso lieb wie dich und Papa", sagte der kleine Eisbär.

„Ich weiß", sagte seine Mama und strich ihm zärtlich über den Kopf. „Ich habe ihn auch sehr lieb."

„Und dann bin ich auf die Welt
gekommen?", wollte der kleine
Eisbär wissen.

„Nein, so schnell ging das nicht.
Lange, beinahe eine halbe Ewigkeit
haben wir auf dich gewartet.
Wir haben alles vorbereitet und ein
Zimmer für dich eingerichtet mit
bunten Kissen für dein Bett und
Kuscheltieren, weil du es schön
haben solltest. Aber du warst noch
nicht in Sicht."

„Als es so lange gedauert hat und ich immer noch in deinem Bauch war, hast du da manchmal gedacht, Gott hätte es sich anders überlegt?"

„Nein", lachte Mama Bär. „Ich wusste, du bist von Gott gewollt. Und ich wusste, dass es nicht mehr lange dauern würde."

„Und was ist dann passiert?", fragte der kleine Eisbär neugierig.

„Eines Tages dann habe ich gespürt: Jetzt ist es so weit.
Jetzt kommt mein kleiner Bär auf die Welt."

„Ja, wirklich? Aber woher wusstest du das denn?"

„Gott gibt uns Bärenmamas ein besonderes Gespür dafür. Da sind wir,
so schnell wir konnten, ins Bärenkrankenhaus gefahren."

„Und dann bin ich endlich auf die Welt gekommen?", wollte der kleine Eisbär wissen.

„Ja", lächelte Mama Bär ihn an. „Es war ein ganz besonderer Moment, als wir dich das erste Mal sehen und dich streicheln konnten. Aber wie alle anderen Bärenbabys hast du laut geschrien und gebrüllt! Dir hatte es in meinem Bauch gut gefallen, denn da war es schön warm gewesen."

Mama Bärs Stimme wurde ganz leise. „Als wir dich dann endlich mit nach Hause nehmen durften, haben wir dich stundenlang einfach nur angeguckt."

„Aber warum denn?"

„Weil du ein Geschenk des Himmels bist."

„Mama, etwas musst du mir aber noch verraten. Habt ihr euch jemals gewünscht, ihr hättet ein anderes Baby bekommen? Vielleicht einen kleinen Seelöwen oder einen Fuchs?"

„Nein, niemals. Du bist unser kleiner Bär. Nie wären wir auf die Idee gekommen, dich einzutauschen. Dazu haben wir dich viel zu lieb."

„Aber warum denn?", wollte der kleine Eisbär wissen.

„Na, weil du ein Geschenk des Himmels bist!"

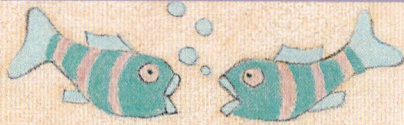

Jetzt war der kleine Eisbär müde. „Betest du heute?", fragte er seine Mama. Mama Bär tat das natürlich gerne. Anschließend flüsterte sie ihm leise „Gute Nacht" zu und gab ihm ein Küsschen. An diesem Abend war der kleine Eisbär sehr glücklich. Gott hatte ihn seinen Eltern geschenkt. Das hatte seine Mama ihm gesagt. Und für nichts in der Welt würden sie ihn wieder hergeben. „Wie gut, dass ich ein Geschenk des Himmels bin", dachte der kleine Bär noch und dann war er auch schon eingeschlafen.

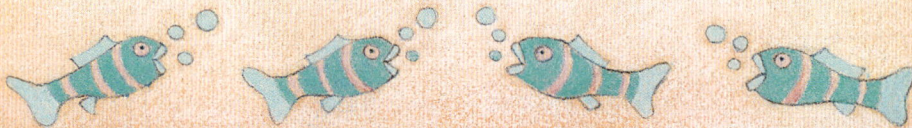

3. Auflage 2016
ISBN 978-3-86827-421-9
Alle Rechte vorbehalten
Originally published in English under the title:
God Gave Us You by Lisa Tawn Bergren
Copyright © 2000 by Lisa Tawn Bergren
Illustrations © 2000 by Laura J. Bryant
Published by WaterBrook Press
an imprint of The Crown Publishing Group
a division of Random House, Inc.
12265 Oracle Boulevard, Suite 200
Colorado Springs, Colorado 80921 USA

International rights contracted through:
Gospel Literature International
P.O. Box 4060, Ontario, California 91761-1003 USA

This translation published by arrangement with
WaterBrook Press, an imprint of The Crown Publishing Group,
a division of Random House, Inc.

German edition © 2013 by Verlag der Francke Buchhandlung GmbH
35037 Marburg an der Lahn
Deutsch von Anne-Ruth Meiß
Satz: Verlag der Francke-Buchhandlung GmbH
Printed in Czech Republic

www.francke-buch.de

Mehr von Lisa T. Bergren

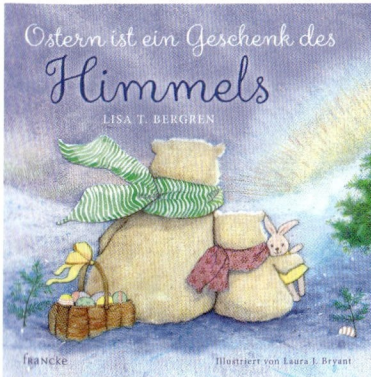

Ostern ist ein Geschenk des Himmels

ISBN 978-3-86827-447-9
36 Seiten, gebunden

„Ich mag Ostern", sagte der kleine Eisbär.
„Ich auch", erwiderte Papa Bär. „Ostern ist sogar noch schöner als Weihnachten."
„Noch schöner als Weihnachten? Warum das denn?"
Auf einem Spaziergang durch den Wald erklärt Papa Bär dem kleinen Eisbär, was an Ostern so besonders ist und dass Gottes Osterplan auch in der Natur überall zu sehen ist. Er führt ihm eindrücklich vor Augen: Ostern ist ein Geschenk des Himmels.

Der Himmel ist ein Geschenk des Himmels

ISBN 978-3-86827-507-0
36 Seiten, gebunden

„Papa, was genau ist eigentlich der Himmel?", will der kleine Eisbär eines Tages von seinem Vater wissen. Zusammen machen die beiden einen Ausflug und sprechen darüber, was der Himmel ist … und was er nicht ist. Der kleine Eisbär stellt Fragen wie „Wie kommen wir in den Himmel?", „Sind wir dann Engel?" oder „Schlafen wir im Himmel?". Geduldig und liebevoll erzählt sein Vater ihm, was uns die Bibel über unser künftiges Zuhause verrät.